Bibliografische Information der Deutschen Nationalbibliothek:

Die Deutsche Bibliothek verzeichnet diese Publikation in der Deutschen National-
bibliografie; detaillierte bibliografische Daten sind im Internet über http://dnb.d-
nb.de/ abrufbar.

Impressum:

Copyright © 1996 GRIN Verlag, Open Publishing GmbH
Druck und Bindung: Books on Demand GmbH, Norderstedt Germany
ISBN: 9783668469716

Dieses Buch bei GRIN:

http://www.grin.com/de/e-book/368387/masse-und-macht-von-elias-canetti-ein-
ueberblick-ueber-die-ersten-30

Janus Zudnik

"Masse und Macht" von Elias Canetti. Ein Überblick über die ersten 30 Seiten

GRIN Verlag

GRIN - Your knowledge has value

Der GRIN Verlag publiziert seit 1998 wissenschaftliche Arbeiten von Studenten, Hochschullehrern und anderen Akademikern als eBook und gedrucktes Buch. Die Verlagswebsite www.grin.com ist die ideale Plattform zur Veröffentlichung von Hausarbeiten, Abschlussarbeiten, wissenschaftlichen Aufsätzen, Dissertationen und Fachbüchern.

Besuchen Sie uns im Internet:

http://www.grin.com/

http://www.facebook.com/grincom

http://www.twitter.com/grin_com

Janus Zudnik

1996 ausgearbeitetes Referat der ersten 30 Seiten aus:

Elias Canetti,

Masse und Macht, 1960.

Die Masse

Am Anfang steht die Frage, wie sich, bei der natürlichen **Berühungsfurcht** der Menschen, überhaupt Massen bilden können.

Die Angst vor der Berührung v.a. durch Unbekanntes aber auch durch fremde Leute ist allgegenwärtig; Angreifen – hat eine doppelte Bedeutung.

Nur in der dichten Masse schlägt die Berührungsfurcht ins Gegenteil um, wird die Verschiedenheit aufgehoben, und je dichter die Masse ist, desto gründlicher wird die Angst vergessen. Mt Dichte ist auch die seelische Verfasung gemeint, man darf nicht mehr darauf achten wer einen umgibt. Die Masse ist gleichsam ein eigener Organismus, und ermöglicht wird sie durch das Umschlagen der Berührungsfurcht.

Canetti unterscheidet zunächst **vier grundlegende Eigenschaften** der Masse:

1. **Wachstum**: Die Masse will immer wachsen. Einrichtungen welche sie begrenzen, d.h. zu einer geschlossenen Masse zwingen, haben meist auf Dauer wenig Bestand.
2. Innerhalb der Masse herrscht **Gleichheit**. Alle Gleichheitstheorien z.B. Menschenrechte, haben hier ihren Ursprung.
3. Die Masse liebt **Dichte**. Sie braucht diese, um die Angst gegenüber den anderen zu überwinden.
4. Die Masse braucht eine **Richtung**, die für alle gleich und außerhalb jedes einzelnen ist und ihr ein einheitliches Ziel weist.

Hauptformen:

Die **natürliche Masse** ist offen. Sie entsteht spontan aus wenigen Menschen, doch dann drängt es die anderen nach unerklärlichen Gesetzen dorthin, wo es am dichtesten, schwärzesten ist. Ihr Wachstum ist theoretisch unbegrenzt, sobald es aber aussetzt ist der Zerfall unvermeidlich.

Die **geschlossene Masse** dagegen hat eine Grenze, ihr Bestand ist wichtiger als eine zügellose Zunahme. Dafür ist einen Wiederholung der Massenbildung wahrscheinlicher, das Symbol dafür ist das Gebäude, in dem sie sich versammelt.

Der **Ausbruch** ist der Übergang einer geschlossenen in eine offene Masse. Institutionen, die auf ein Abfangen der Masse angelegt sind, z.B. Tempel, Kaste, Kirche werden irgendwann zu eng. Beispiele dafür sind die Bergpredigt, Kreuzzüge, modernen Massenkriege. Man will ausziehen, alle erreichen. Die offene Masse scheint niemals gesättigt.

Neben dem Ausbruch hat die Masse noch weitere **charakteristische Merkmale** ihres Handeln:

Die **Entladung** ist es, welche alle angleicht, sie erst wirklich Masse werden läßt. Im normalem Leben ist nämlich alles voll fest etablierter Hirarchien. Diese Distanzlasten werden nun mit einer großen Erleichterung abgeworfen, allerdings bedroht der Zerfall die Masse gerade am Höhepunkt ihres Gleichheitserlebnisses. Eine Fortsetzung der Entladung ist nur an neuen Menschen, die zu ihr stoßen, möglich.

Oft kann man eine **Zerstörungssucht** der Masse feststellen. Der Lärm der Zerstörung ist der Geburtsschrei der Masse, er verheißt die ersehnte Verstärkung. Noch dazu ist die Zerstörung eine der Grenzen, um alle zu sich zu holen. Dem Mensch in der Masse ist alles Gefängnis und es reizt ihn, diese zu zerstören. Das Feuer als stärkstes Massensymbol eignet sich dafür am besten. Bei einer Revolution aber vernichtet man die Symbole einer nicht länger anerkannten Hirarchie.

Das **Verfolgungsgefühl** hängt mit dem Drang der Masse zu rapidem Wachstum zusammen. Einmal entstanden, wird neben dem Grund weswegen sie sich gebildet hat auch um den Erhalt der Masse selbst gestrebt. Zerschlagen werden kann sie nun durch einen äußeren oder inneren Angriff. Der erstere ist weniger gefährlich.

Wenn sie beispielsweise von der Polizei auseinandergetrieben wird, können die Menschen rasch wieder zusammenkommen, es zieht sie wieder zueinander und ihr Zusammenhalt wird dabei sogar gestärkt.

Wenn die Masse allerdings von innen angegriffen wird, z.B. ihren Forderungen entsprochen wird beginnt sie abzubröckeln. Denn jeder Mensch hat einen kleinen Verräter in sich, welcher wieder zurück ins normale Dasein will. Die Schwächsten beginnen, nun dieser inneren Stimme zu folgen. Wenn die Feinde der Masse schon die Neuankömmlinge nicht stoppen können, versuchen sie zumindest diesen kleinen Verräter aufzuwiegeln. Die Verfolgungsangst ist also das Gefühl einer doppelter Bedrohung, da die Masse immer wachsen muß, um bestehen zu bleiben.

Außer der offenen und der geschlossenen Masse werden noch **weitere Hauptformen** unterschieden:

Bei der **rhythmischen Masse** will man eine Vermehrung simulieren. In früheren Zeiten wollten die wenigen Menschen mehr werden, nicht nur in Zukunft sondern hier und jetzt. Als Vorbilder dafür dienten die oft unüberschaubaren Herden der Tiere. Der Ausdruck dieses Wunsches mündete in der zuckenden oder rythmischen Masse. Der ursprünglichste Rythmus war einer der Füße und so stampft man im Tanz auf, immer heftiger und lauter, um die ersehnte Zunahme darzustellen.
Bsp: Haka der Maori auf Neuseeland. Aus einem Droh-, d.h. Kriegstanz entstanden, ist er zum Ausdruck der Massengefühls des Stammes geworden und wird zu den verschiedensten Gelegenheiten aufgeführt. Die Dichte wird durch die Figuren des Tanzes gestaltet, die Gleichheit ist von Anfang am gegeben. Am Höhepunkt fühlen sind alle eins.

Bei der **stockenden Masse** ist die Dichte am wichtigsten. Die dichteste Masse wächst am schnellsten. Alle stehen eng beisammen, sie genießen das dichte Aneinandersein, die Bewegungslust staut sich, um in der Entladung um so heftiger auszubrechen.
Bei einer Hinrichtung etwa läßt die Masse im Augenblick der Entladung, d.h. wenn ihr der Kopf des Opfers gezeigt wird, ihre Stimme hören. Bei den heutigen Sportveranstaltungen sind die Schreie der Masse häufiger, die Dauer für welche die Masse besteht ist festgelegt, darum ist das Auseinandergehen weniger schmerzlich, auch die Wiederholung ist sicherer. In Theatern und bei Konzerten ist man in der Bewegungsfreiheit ganz beschnitten, nur zu festgesetzten Zeiten darf man klatschen und so ist die Stärke allein ein Indikator, wie weit man Masse geworden ist.
Als extremstes Beispiel für das Stocken einer religiösen Masse nennt Canetti das „Stehen auf Arafat", einer Ebene, welche ein paar Stunden von Mekka entfernt ist: Dort stehen die Pilger und lauschen stundenlang in steigender Erregung dem Prediger und beantworten seine Worte mit „Wir 'harren' deiner Befehle, Herr". Selbst wenn manche von der Hitze gefält niederstürzen, warten sie so kurz vor dem Ziel um sich vorzubereiten.

Die **langsame Masse** ist ein Zug von Menschen. Entweder er besteht von Anfang an in seiner Gesamtheit wie der Auszug der Juden aus Ägypten, oder er vergrößert sich mit der Zeit, so wie ein

Fluß, in welchen andere münden (Vgl. Pilgerreise). Drittens gibts noch die langsamen Massen, welche auf ein unsichtbares und in diesem Leben nicht erreichbares Ziel, z.B.ein Jenseits,gerichtet ist.

Die normale Entladung, die jede Masse braucht, wird hier unterdrückt, sie bleibt ihr versagt. Doch versammelt sie sich immer wieder und lebt eine milde Form der Entladung in Gestalt einer rythmischen Masse aus. Neue Religionen können so das Ende ihres massiven Wachstum überdauern, sie führen Institutionen ein, mit denen die Masse gezähmt wird. Ihr Anspruch auf Universalität wird dann gegen den Zusammenhalt einer begrenzten Menge von Gläubigen eingetauscht. Im Laufe ihres Kampfes um Anerkennung nämlich haben sie gelernt, wie schwierig es ist, die einmal Versammelten auch auf Dauer bei der Stange zu halten.

Die Masse wird jetzt durch eine scheinbare Gleichheit unter den Gläubigen und einer starken Richtung zusammengehalten. Ihr Ziel ist in weiter ferne, der Weg dorthin lang und mühselig. Die Menschen gewöhnen sich an ihre wiederholten Zusammenkünfte und wollen sie nicht mehr missen. Der Zerfall des Christentums hat eingesetzt, als sich der Glaube an ein Jenseits zu verflüchtigen begann, da damit das Ziel der langsamen Masse in Frage gestellt worden ist.

Die unsichtbaren Massen:

Es gibt keine Gesellschaft von Menschen, die ohne einer Vorstellung von einer Masse unsichtbarer Toten auskommt. Sie werden immer mehr, ihr Dichte nimmt immer weiter zu. Weiters gibt es auch andere Geister, wie Dämonen, Engel und Teufel. Immer sind sie in dichten, konzentrierten Scharen.

Man kann sagen, daß die Religionen mit diesen unsichtbaren Massen beginnen. Wenn der Glaube sich durch ein Verblassen dieser abschwächt, treten andere an ihre Stelle. Solch eine wäre z.B. die Masse der Nachkommenschaft. Auch sie ist unsichtbar, da man als einzelner höchstens zwei oder drei Generationen miterleben kann. Im Gegensatz zum Gefühl für die Toten, die weitgehend ausgespielt haben, klammern wir uns an die Nachkommenschaft, und zwar der ganzen Welt, wollen für diese ein besseres Leben vorbereiten.

Ganz verschwunden sind die Teufel, trotz, wie Canetti lächelnd bemerkt, ihrer früheren großen Zahl. Allerdings ist dafür eine nicht weniger heimtückische Masse aufgetaucht, die der Bazillen, einer neuen unsichtbaren Masse. Als letztes wäre noch das Sperma zu nennen, konzentriert und winzig, sind die Spermiziden eigentlich die Ahnen.

Weiters kann man die Masse nach ihren **fünf Hauptaffekten** einteilen, wobei zwei davon sogar älter als die Menschheit sind, und schon bei den Tieren auftauchen:

Die **Hetzmasse** hat ein rasch erreichbares Ziel. Das Opfer ist das Ziel und zugleich der Punkt der größten Dichte, auf den alles einschlägt. Der Mord an diesem ist erlaubt, empfohlen und mit vielen geteilt. Solch eine gefahrlose Chance zu töten birgt anscheinend einen ungeheuren Reiz. Die eigene Todesdrohung unter der man permanent steht und welche man ablenken will, trägt dazu bei. Die Steinigungen, der Feuertod, die Exekutionen durch eine Gruppe von Soldaten, immer sind es mehrere, wodurch keinen einzelnen die Verantwortung trifft. Auch die öffentlichen Hinrichtungen sind nur verkappte Formen dieses uralten Zusammen-Tötens, der wahre Henker ist die Masse, die sich danach sehnt.

Nach dem Schauspiel erfolgt allerdings ein besonders rascher Zerfall. So sind viele politische Hinrichtungen zu diesem Zweck allein angeordnet worden, um nämlich die bedrohliche Masse zu zerstreuen.

Eine **Fluchtmasse** bildet sich durch eine Drohung. Alle sind von dieser bedroht und fliehen gemeinsam, ihre Energie addiert sich scheinbar. Die Richtung ist weg vom Ort der Gefahr, sie ist das bestimmende Element. Die während der Flucht Gefallenen, seien sie Opfer von Erschöpfung oder der auch der Bedrohung, spornen die anderen an weiterzumachen. Sie bleiben in der Isolierung zurück und unterstreicht damit die Bedeutung der Masse für der übrigen. Beispiele: Rückzug der Armee Napoleons aus Rußland, Auszug aus Paris 1940, als die Deutschen heranrückten.

Wenn die Masse gefährdet wird. reagiert sie normalerweise mit einer Massenflucht. An Orten wo diese verhindert wird entsteht <u>Panik</u>. Ein geschlossener Raum oder das Abschneiden der Fluchtwege verhindert eine zielgerichtete Flucht. Die Menschen fühlen sich plötzlich nicht mehr als Teil der Masse und beginnen jeder für sich um sein Leben zu kämpfen. Bei einem Feuer z.B. werden die anderen mit diesem gleichgesetzt, herausschießende Arme und Beine werden als züngelnden Flammen empfunden.

Die **Verbotsmasse** hat negativen Charakter. Viele zusammen tun nicht mehr das, was sie bislang als einzelne getan haben. Die wichtigste Verbotsmasse ist der Streik. Solange die Arbeiter tätig sind, ist ihre Gleichheit begrenzt, denn jeder verrichtet eine andere Arbeit, bekommt dafür auch unterschiedlich viel. Sobald sie streiken, werden sie sich in ihrer Weigerung gleich, werden damit zur Masse. Um das Verbot einzuhalten bilden sich spontane Organisationen aus der Masse heraus. Sie haben nur wenige Regeln, da sie temporärer Natur sind. Ihre Aufgabe beschränkt sich im Einteilen von Streikposten und der Verteilung von Lebensmittel. Sie müssen aber auch positive

Einzelaktionen verhindern und schließlich das Verbot aufheben und damit ihre Auflösung selber beschließen.

Die Entstehung einer **Umkehrungsmasse** ist nur innerhalb einer geschichteten Gesellschaft möglich. Ein Befehl hinterläßt immer einen Stachel und damit den Wunsch sich seiner zu entledigen. Entweder indem man in an einen niederen weitergibt, oder es dem Befehlsgeber selbst heimzahlt.

Die revolutionäre Masse dient diesem Zweck, nämlich sich gemeinsam von diesen aufgestauten Befehlsstacheln zu befreien. Die frz. Revolution beginnt mit einer Abschlachtung des Jagdwildes, also zunächst mit einem Angriff auf die Niedersten. Mit dem Sturm auf die Bastille, als dem Symbol der ungerechten Justiz, beginnt schließlich die Umkehrung. Das Todesurteil und die Begnadigung werden in die Hände des Volkes gelegt.

Die Umkehrung kann aber für einen späteren Zeitpunkt versprochen werden: Mit dem Slogan „Die Letzten werden die Ersten sein", beispielsweise fürs Jenseits. Bei Massenpredigten um 1800 in Amerika wiederum stürzten viele der Zuhörer unter dem „Befehl Gottes" nieder um nach dem Wiedererstehen ein neues, geläutertes Leben beginnen zu können. Hier geht es um eine neuerliche Annahme von Befehlsstacheln, sie hat also mit der Revolution nur die Umkehr gemeinsam, allerdings mit vertauschten Vorzeichen.

Die friedlichste Masse ist die **Festmasse**. Hier werden die Erträgnisse geballt zusammengetragen, auf das für kurze Zeit niemand Mangel leide. Das Fest ist schon das Ziel. Durch Bräuche und Rituale wird früheren Festen gedacht und neue in Aussicht gestellt. Durch die Dichte der Dinge und Menschen vermehrt sich das Leben, das ist der alleinige Zweck der Festmasse.

Die einfachste Möglichkeit die Masse zu erhalten, ist der Bestand einer zweiten. Solange die anderen da sind muß man zusammenbleiben. Allerdings muß die zweite Masse ungefähr gleich groß sein um sich gegenseitig messen zu können. Drei Arten von **Doppelmassen** gibt es:

Männer und Frauen: Die Frauen wirken hier meist auf Aktionen der Männer ein, wie z.B. im Krieg, wo die Frauen zum Schutz und Stärkung der Männer tanzen (z.B. Mirary auf Madagaskar). Weiters sind hier die Tänze, bei denen die Geschlechter gesondert sind, zu nennen oder auch die Amazonensagen.

Wichtiger ist die Doppelmasse von **Lebenden und Toten**: Hier neigt sich das Gleichgewicht allerdings empfindlich zu Gunsten der Toten. Sie sich viel mehr und ihre Zahl wächst beständig. Deswegen sie sind mächtiger und man muß sich ihre Gunst zu erhalten suchen.

Schließlich im **Krieg**: Die Bildung einer kriegerischen Masse beginnt mit dem Satz: „Ich kann getötet werden", obwohl man sich dabei insgeheim denkt: „Ich will den und den töten, darum kann ich getötet werden". Zitat: „Immer hat der Feind angefangen. Wenn er das „Sterbet" nicht als erster ausgesprochen hat, so hat er es doch geplant, und wenn er es nicht geplant hat, hat er es sich gedacht; wenn er es noch nicht gedacht hat, hätte er es bald gedacht."

Der kollektiven Todesdrohung allein gelingt es, eine kriegerische Masse hervorzurufen. Das Schlimmste was einem dabei wiederfahren kann ist es, gemeinsam unterzugehen und nie kann das so schlimm sein wie allein zu sterben. Doch muß das gar nicht geschehen, als Todableiter fungiert hier der Feind. Man will also dem Tod zuvorkommen und handelt dabei in Masse. Die Vermehrung der Nachbarn ist nämlich an und für sich bedrohlich. Man möchte lieber selbst mehr sein.

Im Krieg geht es also um die größere Masse von Lebenden auf der eigenen Seite und einen größeren Haufen von Gefallenen auf der anderen. Die geläufigen Wörter wie Schlacht, Gemetzel oder Niederlage drückt diesen Wunsch nach gegnerischen Toten gut aus.

Den Triumph, diese vormals so Bedrohlichen tot zu sehen, ist zunächst den Kriegern im Feld vorbehalten. Um auch den Daheimgebliebenen eine Vorstellung dieses als Einheit empfundenen Haufens zu geben, werden oft Trophäen heimgetragen (Geschlechtsteile der Libyer bei den Ägyptern, die Köpfe bei den Assyrern, Hauptsache ist, sie gleichen sich untereinander).

Canetti weist daraufhin, daß die Geschichtsschreibung früherer Zeiten sich am liebsten auf solche Statistiken allein beschränkt hatte und erst große Anstrengungen nötig waren, um auch andere Menschheitserinnerungen festzuhalten. Im Krieg gibt es also eine doppelte Verschränkung der Doppelmasse: Jeder Teilnehmer gehört zu den eigenen Lebenden, für die Gegenseite ist er aber ein potentieller Toter. Da schon gezeigt wurde, daß eine Masse, einmal entstanden, bestehen bleiben will, ist auch die Erklärung, warum sooft weitergekämpft wird auch wenn es nichts mehr bringt, nicht schwer zu finden. Schließlich ist auch die Dichte und Dauer von Kriegen in moderner Zeiten aus den viel größeren Doppelmassen heraus zu erklären.

Massenkristalle sind kleine, beständige Gruppen, fest abgegrenzt, einheitlich. Sie dienen dazu Massen auszulösen. Oft sind sie uniformiert, wie Soldaten oder Mönche. Sie bleiben auch innerhalb einer Masse immer isoliert und sind abgehoben von der allgemeinen Erregung.

Eigentümlich ist auch ihre historische Permanenz. Selbst wenn es die Massen, die zu ihnen gehören nicht mehr gibt, bleiben sie bestehen, um im Augenblick eines neuerlichen Bedarfes ans Tageslicht zu treten. Fast alle politischen Umwälzungen bedienen sich solcher Ruhestands-Gruppen, die, leicht verändert, ihre alte Funktion neuerlich wahrnehmen können.

Als **Massensymbole** bezeichnet Canetti kollektive Einheiten, die in Mythus und Traum, Rede und Lied symbolisch für die Masse eintreten können:

Feuer wird immer gleich empfunden und es gleicht die Dinge die davon erfasst werden an. Es ist ansteckend, unersättlich und kann überall auftauchen. Man spricht vom Feuer, als ob es lebendig wäre (nähren, ersticken). Seine zerstörerische Kraft kann durch das Wasser gebändigt werden. Die Masse hat eine auffallende Neigung zur Brandstiftung. Der Wald wird mit Brandrodung zurückgedrängt. Bei einem Waldbrand ist die Massenflucht der Tiere, aber ursprünglich auch der Menschen, die natürliche Reaktion. Doch der Mensch hat Macht über das Feuer erlangt. Die Masse wird vom Feuer angezogen, ja sie benützt es auch zur Anziehung immer neuer Menschen.

Als Beispiel für Massenerscheinungen, bei denen das Feuer eine Rolle spielt, nennt Canetti erst den Feuertanz der Navajos, wo die Tanzenden scheinbar selbst zu Feuer werden, weiters belagerte Städte die sich verbrennen, oder auch bedrängte Könige mit ihrem Hofstaat.

Im Mittelalter wurden die Ketzer verbrannt, sie wurden gleichsam ins Höllenfeuer geschickt. Einen Brandstifterin die mehrere Male Feuer gelegt hat genießt das entbehrte Gefühl, wenn alle zusammenlaufen, sich eine Masse bildet. Später gesteht sie und nochmals genießt sie damit die sie anstarrende Menge. Das Feuer drückt die Masse im Zustand der raschen Zunahme aus.

Auch das **Meer** steht für die Masse. Die Vielfachen Wellen, alle gleich und doch nicht ohne Größenunterschiede gleichen ihr. Die einzelnen Tropfen aber gemahnen in ihrer Ohnmächtigkeit an einzelne Menschen. Das Meer ist beständig, es drückt damit den starken Wunsch der Masse aus, selbst bestehen zu bleiben. Auch seine Größe dient es ihr als Vorbild.

Der **Regen** ist als Wolke eine Einheit. Die Tropfen die fallen, gleichen einander und haben eine einheitliche Richtung. Der Regen bezeichnet den Zustand der Masse im Augenblick ihrer Entladung. Die Tropfen fallen, verschwinden, es ist ungewiß, wann sie wieder zusammenkommen.

Der **Fluß** ist wie eine Prozession, die Zuschauer sind die Bäume und Sträucher des Ufers. Seine Richtung und das Zurschaustellen sind seine beherrschenden symbolischen Eigenschaften. Er steht für die langsame Masse.

Die Dichte des **Wald**es ist oben. Man schaut hinauf und spürt seinen Schutz. Es ist wie eine Andacht, der Wald ist damit der Vorläufer des Domes. Seine absolute Unverrückbarkeit aber wird zum Symbol des Heeres. Wie dieser will es nicht weichen, eher läßt es sich in Stücke hauen.

Das **Korn** wiederum ist der reduzierte Wald. Weniger hoch steht es nun an seiner Stelle. Wenn der Wind weht vollführt es einen einfachen Tanz, die Ähren nicken einem wie Häupter zu. Es wird zusammen geschnitten und weiterverarbeitet, es hat ein gemeinsames Schicksal. Seine Vermehrung führt zu größeren Mengen, der kleine Haufen Saat wird zum größeren der Ernte.

Wegen seiner Stimme ist der **Wind** länger als andere Naturphänomene als lebendig empfunden worden. Seine Richtung ist das bestimmende, seine Stöße wirken körperlich. Er steht oft für die unsichtbaren Massen.

Der **Sand** wird wegen seiner Kleinheit als gleichartig erlebt. In der Wüste und am Strand tritt er massiv auf. Der Wunsch nach unzählbarer Nachkommenschaft findet hier seinen stärksten Ausdruck.

Auch **Haufen** dienen als Massensymbole. Bei Festen erfreut man sich an den Haufen von Nahrung, welche zuerst zusammengetragen wurden. Je größer und dichter diese sind desto besser. Das Ernten ist eigentlich ein rythmisches Anhäufen und von diesem hängt der Rythmus der Feste ab.
Steinhaufen wiederum sind für die Ewigkeit bestimmt. Früher stand für jeden Stein der Mensch der in herbeigetragen hat. Schließlich bleiben nur diese Haufen zurück, wenn die Erbauer längst tot sind.
Auch der Schatz ist ein Haufen. Seine Einheiten müssen einen beständigen Wert haben. Bei einer Entwertung fühlen sich die Menschen selbst in ihrem Wert herabgesetzt. Wenn es zu einer Inflation kommt, gleichen sie Fluchtmassen. Sie werden in ihrem bedrohlichen Schicksal eins. Die Folgen können katastrophal sein, da die herabgesetzte Masse jemanden finden will, den sie als noch niederer empfinden kann.